Stern-Rezepte

Steinbock

UMSCHAU

Gabriele Gugetzer • Karin Stahlhut

Steinbock

22.12. – 20.01.

Rezepte für Liebe, Erfolg und Glück

UMSCHAU

Inhalt

Einleitung

Vorspeisen

Hauptgerichte

Desserts

Die besonderen Seiten des Steinbocks

Register

Impressum

Der Steinbock: Das glaub ich jetzt alles nicht…

Falls nicht ein widerspenstiger Mondknoten oder sentimentaler Aszendent meinem stringenten Charakter einen für mich seltsam emotionalen, gutgläubigen Touch verpasst, weiß ich Steinbock nicht, dass ich Steinbock bin.

Ich weiß zwar selbst am besten, dass Durchhaltevermögen, Beständigkeit, Redlichkeit, Ausdauer und ein gerade noch erträgliches Maß an Ehrgeiz zu meinen und unseren vielen Qualitäten gehören, dass wir entsprechend geeignet sind als Richter, Chefredakteure, Formel-1-Organisatoren und Physiker viele Lorbeeren zu sammeln. Ich weiß auch, dass wir die Art Klasse besitzen, die man nicht erwerben kann, dass wir natürlich-vornehm wirken, oft eine hohe Stirn, schöne Augen, einen energischen, doch sinnlichen Mund, ein ausdrucksstarkes Gesicht haben und mit 40 besser, wenn nicht sogar jünger aussehen als mit 20.

Ich weiß aber nicht, dass mir von astrologischer Seite unerhörte Hobbys wie das Interesse für Mineralien und Töpferkunst nachgesagt werden, noch dass mein Körper sich öfter als der des Durchschnittsmenschen nach Langstreckenläufen, Bergsteigen und Skifahren sehnt.

Ich weiß auch nicht, dass das Sternbild des Steinbocks drei Elemente vereint: Sagitta, den einsamen Pfeil, den Adler, Vogel des Lichts und Symbol der Seele, die die Vollendung erreicht hat, sowie den Delphin, Symbol des Sohnes Gottes, der nach dem Gesetz handelt, aber mit den Elementen spielt, was wiederum für außergewöhnliche Wahrnehmung steht, die unsereinem zu eigen sein soll.

Und ebensowenig ist mir bewusst, dass dem Steinbock archetypische Stimmungsbilder auf den schlanken, manchmal fast hageren Leib gemalt wurden: Am Fuße des Berges die Last aufnehmen, niemals sich beugend, langsam aufwärts, hin zum Ziel, immer höher, wo die Luft rein ist, sich fühlen wie Bergkristall – und das vorzugsweise in felsigen, öden, karstigen Gebieten, in norwegischen Gebirgslandschaften mit Fjorden, Gletschern und Nadelwäldern.

Das alles weiß ich nicht und es interessiert mich auch nicht (es sei denn s. o.).

Wozu auch?

Ein lupenreiner Steinbock empfindet keine Affinität für astrologischen Mumpitz, allenfalls ein gewisses Amüsement angesichts der Tatsache, dass fünfzig Prozent der Deutschen angeblich glauben, die Milchstraße und ihre Elemente beeinflussten unsere Persönlichkeit. Ich bitte Sie! Was hat bloß den guten Gunter Sachs (Skorpion) geritten, eine Studie zu initiieren und zu finanzieren, die nach zwei Jahren und millionenfachem Datenvergleich so unglaubliche Erkenntnisse zu Tage brachte, Steinböcke beispielsweise griffen signifikant häufiger zu Gewürzsoßen und beteiligten sich seltener an ungenehmigten Demonstrationen? How bizarre.

Mit an Sicherheit grenzender Wahrscheinlichkeit haben Sie als Steinbock sich die vorliegende Lektüre auch nicht selbst gegönnt. Es gibt nur eine Möglichkeit, wie dieses Buch in Ihren Besitz geraten ist: Ein etwas ratloser Bekannter, von Freund will ich in diesem Zusammenhang nicht reden, hat verzweifelt nach einem Geschenk für Sie gesucht und meint, es hiermit gefunden zu haben.

Vermutlich aber sind Sie, geneigter Leser, geneigte Leserin, ein Vertreter oder eine Vertreterin eines anderen Sternzeichens und daran interessiert, einen Steinbock a) kennen zu lernen, seine Tiefen und Untiefen, Stärken und wenigen Schwächen. Und/oder b) ihn nach allen Regeln der Kunst erst kulinarisch zu verwöhnen, um ihn später zu vernaschen. Denn das soll sich lohnen: Unter unserer coolen Fassade lodert ein sinnliches Feuer, das niemanden kalt lässt. Zudem verschenken wir unser Herz (nach eingehender Prüfung des Objekts der Begierde) entweder ganz oder gar nicht. Amourösen Kurz-Abenteuern können wir widerstehen, es sei denn, wir wollen nicht – oder stecken noch fest im ersten Stadium der esoterisch-astrologischen Entwicklung:

Dort nämlich akzeptieren und befolgen wir unreflektiert übergeordnete Gesetze. Lautet ein gesellschaftliches Gebot: Du sollst viele One-night-stands haben! beherzigen wir das natürlich.

Im zweiten Bewusstseinsstadium werden wir geläutert, wandeln uns durch Einsicht und Disziplin zum Menschenfreund und sind mehr für andere da als jemals zuvor. Im dritten schließlich vollendet sich unsere Persönlichkeit – wir erreichen einen Grad der Spiritualität, der uns die ganze Menschheit lieben lässt.

Ach was. Soll das heißen – auch die Astrologen?

Sei's drum: Auf welchen Wegen dies Buch nun zu Ihnen gefunden hat, angesichts der Tatsache, dass die Rezepte in der Tat selbst den hartgesottensten von uns Astro-Ignoranten versöhnlich stimmen werden, beweist der Kauf in jedem Fall eine glückliche Hand.

Denn wären Sie von allein darauf verfallen, sich nach Dinner und Dessert ein wenig Trockenobst und Nüsse auf die Handfläche zu schütten, um einen Steinbock eben daraus (fr)essen zu lassen? Wohl kaum. Gewöhnen Sie sich beizeiten daran, dass unsere Geschmacksvorlieben vom Mainstream weit entfernt sind.

Wir mögen bittere und trockenherbe Aromen, starken schwarzen Tee, Sellerie, Schwarzwurzel, Senf, Tafelspitz, Suppenfleisch, Linsen, Räucherfleisch, Schwarzbrot, Ziegenkäse, Jogurt, Quark. Kohl bekommt uns gut, besonders Rotkohl, auch Pampelmusen, Früchte, vor allem Kirschen. Und natürlich Steinpilze (haha!).

In der Regel trinken Steinböcke zu wenig, weshalb die Rohstoffe (Gemüse und Früchte) stark wasserhaltig sein und am besten roh, gedünstet und möglichst salzlos zubereitet werden sollten.

Und um unsere Ausstrahlung und Kraft zu fördern, soll es helfen, die dem Sternzeichen und seinem führenden Planeten, dem Saturn, zugeordneten Edelsteine – Beryll, Jade, schwarzer Onyx, Topas – einer Karaffe stillen Wassers beizulegen, auf dass wir das Manna der Milchstraße schlückchenweise zu uns nehmen. Na denn…

Vorspeisen

Paglietta mit Steinpilzfüllung und Äpfeln – Ihr Erfolgsrezept

Steinböcke lieben Steinpilze. Mehr muss zu diesem Rezept nicht gesagt werden. Höchstens noch, dass es einfach und unkonventionell ist.

Steinpilze in ein Schüsselchen geben. Calvados mit 2-3 EL heißem Wasser mischen und damit die Steinpilze bedecken. 30 Minuten einweichen. Abtropfen lassen. Auf der Schnittfläche einer Käsehälfte verteilen und die andere Käsehälfte mit der Schnittfläche darauf legen. Fest in Küchenfolie einwickeln.

Im Kühlschrank 3 Stunden durchziehen lassen. Äpfel auf Vorspeisentellern anrichten und mit Zitronensaft beträufeln. Käse in vier Teile teilen und dazu servieren.

1 Hand voll getrocknete Steinpilze
1 Schnapsglas Calvados
1 Pagliettakäse, in der Mitte durchgeschnitten
2 aromatische Äpfel, hauchdünn aufgeschnitten, ohne Kerngehäuse
1/2 Zitrone

Zaubersuppe

Sie geht schnell und kurbelt mit einem hohen Magnesiumgehalt die sportliche Aktivität des Steinbocks an.

400 g küchenfertige Rote Bete, gehackt
400 ml Hühnerbrühe
Salz und schwarzer Pfeffer aus der Mühle
3 cm Ingwerwurzel, geschält, gerieben
100 ml saure Sahne

Rote Bete, Hühnerbrühe, Salz, schwarzen Pfeffer und Ingwerwurzel in einem Topf aufsetzen, einmal aufwallen lassen. Abgedeckt bei leichter Hitze 5 Minuten köcheln, bis sich die Aromen verbunden haben. In der Küchenmaschine oder mit dem Zauberstab pürieren. Mit saurer Sahne servieren.

Kürbissuppe mit Grenadinenaroma

Wärmt und sättigt und das je nach saisonalem Angebot auch für wenig Geld. Der Steinbock hortet seines lieber, als dass er es ausgibt.

Kürbis mit Hühnerbrühe und Salz und Pfeffer in einem Topf aufkochen lassen, dann abgedeckt bei leichter Hitze 20 Minuten einkochen. Honig unterrühren. In der Küchenmaschine oder mit dem Zauberstab pürieren, dann durch ein Haarsieb streichen; das sorgt für eine feinere Konsistenz der Suppe. Mit Grenadinensirup und Crème fraîche verfeinern. In vier Suppenteller füllen und mit Granatapfelkernen bestreuen.

1 kg Butternusskürbis (oder anderer aromatischer Kürbis wie Muskat oder Hokkaido), geschält, von Fasern und Kernen befreit, gehackt
1 l Hühnerbrühe
Salz und schwarzer Pfeffer aus der Mühle
2 EL flüssiger Honig
2-3 EL Grenadinensirup
100 ml Crème fraîche
2 Granatäpfel (s. **Tipp**)

Tipp

Granatäpfel lassen sich ganz einfach verarbeiten, wenn man den Trick kennt. Denn sie spritzen beim Öffnen und hinterlassen schwer entfernbare Flecken. Eine Schüssel mit Wasser füllen. Granatapfel in der Schüssel in drei Scheiben teilen. Unter Wasser mit den Fingern die kleinen Kerne herauslösen. Dann die Schüssel mit Inhalt über einem großen Sieb abtropfen lassen und die Kerne herausfischen. Der hohe Kaliumgehalt der Kerne sorgt für eine gute Versorgung des Elektrolythaushalts.

Pho – vietnamesische Suppe

Steinböcke trinken häufig zu wenig Wasser. Deshalb passen Suppen sehr gut in seine Ernährung. Diese ist die Nationalsuppe Vietnams, eines Landes, das auf ganz köstliche Weise die landeseigene asiatische Küche mit der ihrer langjährigen Besatzer, der Franzosen, kombiniert.

300 g Rinderknochen
300 g Rindfleisch von der Schulter
2 große Schalotten, abgezogen, halbiert
3 Korianderwurzeln (legt Ihnen der Gemüsehändler zurück), geschält, gehackt
2 Knoblauchzehen, abgezogen
30 g Ingwerwurzel, geschält, gehackt
200 g Reisnudeln
200 g Rinderfilet, in feinen Streifen
2 Hand voll exotische Kräuter (Koriandergrün, Minze, Thai-Basilikum), gehackt
1 Bund Frühlingszwiebeln, geputzt, in diagonalen Streifen
Saft von 2 Limetten
1 kleine rote Chilischote, ohne Samen, fein gehackt
2 EL Fischsauce (Nuoc Mam)
Salz und schwarzer Pfeffer aus der Mühle

Knochen und Rindfleisch von der Schulter mit Schalotten, Koriander- und Ingwerwurzel sowie Knoblauchzehen in 1 l kaltem Wasser aufsetzen. Einmal aufkochen lassen, dann 1 1/2 Stunden bei leichter Hitze köcheln. Zwischendurch 2-3 Mal den Schaum abschöpfen, der nach oben steigt. Suppe abseihen, Würzzutaten beim Abgießen im Sieb fest ausdrücken, damit ihr ganzes Aroma in der Suppe bleibt. Würzzutaten und Knochen nicht weiter verwenden. Gekochtes Rindfleisch in mundgerechte Stücke teilen und zusammen mit den restlichen Zutaten in den Topf geben. Noch einmal aufkochen lassen, abschmecken, heiß servieren.

Teegeräucherter Lachs mit Salat

Das starke Aroma von schwarzem Tee passt sehr gut zu Lachs und gefällt dem Steinbock, der häufig passionierter Teetrinker ist.

Wok großzügig mit Alufolie auskleiden; die Alufolie sollte an allen Seiten handbreit über den Wok hinausragen. Zucker, Reis und Tee mischen und einfüllen. Wokeinsatz direkt über der Teemischung einhängen. Mit Deckel schließen und bei hoher Hitze 5 Minuten heiß werden lassen. Unterdessen Fisch unter fließend kaltem Wasser abspülen und trockentupfen. Fisch auf den Wokeinsatz legen, den Deckel schließen und die Alufolie über dem Deckel hochklappen. Fenster öffnen, Tür schließen; wegen der Geruchsentwicklung. 25 Minuten bei hoher Hitze räuchern. Abgedeckt noch 10 Minuten stehenlassen. Unterdessen Salat mit Schalottenwürfeln, Tomatenstücken und Dillspitzen auf Tellern anrichten. Aus Walnussöl, Weißweinessig und Salz ein Dressing schlagen und über den Salat träufeln. Lachs aus dem Wok nehmen und dazu anrichten.

50 g Zucker
50 g Reis
50 g schwarzer Tee
4 Lachskoteletts mit Haut
250 g Feldsalat, geputzt
1 Schalotte, fein gewürfelt
3 Tomaten, fein gehackt
1/2 Bund frischer Dill, Spitzen zerkleinert
2 EL Walnussöl
1 TL Weißweinessig
1/2 TL Salz
Saft von 1 Limette

Käsebällchen zu grünem Salat

Käse ist ein wichtiger Baustein in der täglichen Ernährung des Steinbocks. Häufig kümmern sich die, die ihn lieben, um die richtige Ernährung. Ist mal keiner da, der sich kümmert, ist Satz 1 ein wichtiger Merksatz.

Frischkäse, Zitronensaft, Worcestersauce, Manchegokäse, Frühlingszwiebeln, schwarzen Pfeffer und Paprika edelsüss in einer Schüssel zerdrücken und gut vermengen. Im Kühlschrank 2 Stunden abgedeckt durchziehen lassen. Zum Servieren eiskalt verarbeiten: Mit einem Esslöffel Kugeln abstechen. Mandelsplitter auf einer Arbeitsfläche auslegen. Kugeln darin rollen, beiseite legen. Salatmischung auf vier großen Vorspeisentellern auslegen. Mit Schalottenwürfeln bestreuen. Aus Olivenöl, Weißweinessig, Senf und Salz ein pikantes Dressing mixen, und den Salat damit beträufeln. Käsebällchen darüber anrichten. Mit warmem Baguette servieren.

200 g Frischkäse
Saft von 1/2 Zitrone
5-8 Spritzer Worcestersauce
100 g Manchegokäse, fein gerieben
3 Frühlingszwiebeln, in feinen Röllchen
schwarzer Pfeffer aus der Mühle
1 EL Paprika edelsüss
80 g Mandelsplitter
200 g fertige Salatmischung (Feldsalat, Römersalat, Rucola), gewaschen
1 Schalotte, abgezogen, fein gehackt
3 EL Olivenöl extra vergine
1 TL Weißweinessig
1 TL scharfer Senf
1 ofenfrisches Baguette

Waldorf-Salat mit Nussbrot und Cheddar

Sellerie ist sehr gesund. In Frankreich und New York (hier wurde der Waldorf-Salat erfunden) weiß man zudem, wie köstlich Sellerie schmeckt – das sieht man an diesem Rezept. Ein Wissen, das hierzulande verlorenging. Da kann der Steinbock einmal in die für ihn völlig ungewohnte Rolle des Trendsetters schlüpfen und den Sellerie als neuen Foodtrend ausrufen. Auch hat Sellerie einen hohen Gehalt an Kalzium, das für die Festigkeit und Stabilität der Knochen sorgt.

100 g Walnüsse
3 knackige Äpfel, entkernt, in feinen Streifen
Saft von 1/2 Zitrone
4 Stangen Bleichsellerie, entfädelt, in feinen Streifen
4 EL gute Mayonnaise
1 Nussbrot, in Scheiben
200 g Cheddarkäse, in Scheiben

Ofen auf 180 °C vorheizen. Walnüsse auf einem Backblech ausbreiten. Im Ofen 5-8 Minuten backen, bis sie ihr Aroma entfalten. Unterdessen Äpfel in eine große Schüssel füllen, mit Zitronensaft beträufeln. Bleichsellerie unterheben. Mayonnaise unterziehen. 20 Minuten ziehen lassen. Mit Walnüssen bestreut servieren. Dazu Nussbrot und Cheddarkäse reichen.

Wintersalat

Starke Einzelaromen verbinden sich hier zu einem harmonischen Ganzen. Die herbst-winterlichen Zutaten passen gut zum Steinbock – auch ohne astrologischen Mumpitz.

Ciabattabrot in Olivenöl in einer beschichteten Pfanne bei leichter Hitze auf einer Seite knusprig rösten, dann wenden und 10 Minuten bei leichter Hitze trocknen; auf diese Weise wird nicht so viel Öl verbraucht. Mit Salz bestreuen. Unterdessen den Römersalat auf einer großen Platte anrichten, mit Rote Bete und Käse garnieren. Aus Portwein, Pflanzenöl und Balsamicoessig ein Dressing rühren und über den Salat träufeln. Mit Kürbiskernen und Brotwürfeln garniert servieren.

4 Scheiben Ciabattabrot, dick gewürfelt
3 EL Olivenöl extra vergine
Salz
1 großer Römersalat, geputzt, in mundgerechten Stücken
400 g küchenfertige Rote Bete, in feinen Stücken
100 g Gorgonzola oder Stilton, zerkrümelt
2 EL Portwein
2 EL Pflanzenöl
2 TL Balsamicoessig
50 g Kürbiskerne

Sommersalat

Wenn man so ungern frische Vitamine zu sich nimmt wie der Steinbock, kann man sich im Winter vielleicht damit rausreden, dass man dann im Sommer Vitamine zu sich nehmen wird.

1 Römersalat, gewaschen, geputzt, in mundgerechten Stücken
200 g Dicke Bohnen, fertig gegart
200 g Parmesan, in Hobeln
500 g reife Tomaten, gehackt
4 EL Olivenöl extra vergine
2 TL Balsamicoessig
Salz und schwarzer Pfeffer aus der Mühle
1 kleine Knoblauchzehe, abgezogen, gepresst

Römersalat auf einer großen Platte verteilen. Darauf Dicke Bohnen, Parmesan und Tomaten anrichten. Aus Olivenöl, Balsamicoessig, Salz und schwarzem Pfeffer aus der Mühle und Knoblauch ein pikantes Dressing mixen. Über den Salat träufeln und servieren.

Mailänder Businesslunch

Dieses Rezept gibt es mittags in vielen kleinen Restaurants rund um die Mailänder Börse. Ein kluges Rezept – es sieht appetitlich aus, schmeckt fein, sättigt, aber bringt keine Müdigkeitswallungen mit sich wie ein Teller Pasta. Danach kann man gleich wieder durchstarten, und deshalb passt dieser Lunch zum ehrgeizigen Charakter des Steinbocks, für den gesellschaftliches Ansehen und finanzieller Erfolg wichtige Teile seiner Lebensplanung sind. Vorsicht ist allerdings geboten, denn dieser Ehrgeiz kann auf seine Umwelt manchmal befremdlich wirken. Deshalb ist dieses Rezept nur für eine Person gedacht. Dabei kann sich der Steinbock auf seine noch zu erreichenden Ziele konzentrieren.

Spargel abwaschen. Je nach Länge der Spargelspangen in einem passenden Topf oder in einer Pfanne 8-10 Minuten in köchelndem Salzwasser weich garen. Aus der Pfanne heben und auf einem Teller anrichten. Gleich mit Parmesan bestreuen. Unterdessen Butter in einer Pfanne zerlassen. Eier aufschlagen und 5 Minuten als Spiegeleier braten. Salzen und pfeffern. Über dem Spargel und dem Parmesankäse anrichten. Schmeckt am besten heiß.

300 g Grüner Spargel, holzige Enden abgebrochen
Salz
2 EL Parmesan, frisch gerieben
1 EL Butter
2 Eier
schwarzer Pfeffer aus der Mühle

Lauwarmer Linsensalat mit Fetakäse und Basilikum

Der Steinbock ist ein Erdzeichen. Das harmoniert mit dem nussig-erdigen Aroma von Linsen, die überdies einen hohen Gehalt an Eiweiß besitzen und viele wichtige Mineralstoffe aufweisen.

200 g Puy-Linsen (Reformhaus)
400 ml Hühnerbrühe
1 Chilischote, im Ganzen
1 Knoblauchzehe, ungeschält, im Ganzen
2 rote Paprikaschoten, im Ganzen
3 EL Olivenöl extra vergine
1 EL Balsamicoessig
Salz
1/2 Bund Basilikum, Blätter fein gezupft
200 g scharf eingelegter Fetakäse, zerkrümelt

Ofen auf 180 °C vorheizen. Linsen in Hühnerbrühe mit Chilischote und Knoblauchzehen aufsetzen, einmal aufwallen lassen, 40 Minuten abgedeckt köcheln. Zwischendurch Feuchtigkeitsgehalt überprüfen und bei Bedarf noch wenig Wasser angießen. Unterdessen Paprikaschoten 30 Minuten im Ofen rösten, bis ihre Schale Blasen wirft. Äußere durchsichtige Zellophanhaut abziehen, Stiele und Samen entfernen, fein schneiden. Sind die Linsen gar, die Chilischote entfernen, den Knoblauch aus der Hülle drücken und unter die Linsen mischen. Knoblauchhülle entfernen. Paprikastückchen unterrühren. Mit Olivenöl, Balsamicoessig und Salz abschmecken. Auf vier Vorspeisentellern anrichten und mit Basilikum und Fetakäse garniert servieren.

Indonesische Gemüseplatte

Dass Steinböcke sich anmutig und artig durch einen Gemüseteller pflügen, kann man sich nicht so recht vorstellen. Aber Gemüse ist sehr wichtig für dieses Sternbild. Es muss ja nicht die deutsche Rohkostplatte sein. Aus der indonesischen Küche stammt diese Kombination aus optisch ansprechender Gestaltung mit interessanten Aromen.

2 EL Erdnussöl
1 EL Fischsauce (Nuoc Mam)
500 g grüne Bohnen oder Schlangenbohnen, geputzt, längs halbiert
3 Möhren, geputzt, in dünnen Scheiben
500 g Auberginen, in kleinen Stücken oder kleine weiße Auberginen aus dem Asia-Laden, halbiert
1-2 frische rote Chilis, fein gehackt
2 Knoblauchzehen, abgezogen, gepresst
3 cm Ingwerwurzel, geschält, gerieben
500 g aromatische Tomaten, gehackt
500 g frisches Kokosfleisch, gerieben
Salz
1 Bund Thai-Basilikum, geputzt, gehackt

Öl und Fischsauce in einem Wok erhitzen. Sämtliche Zutaten bis auf das Kokosfleisch zugeben, gut verrühren, abgedeckt 5 Minuten weich garen, bis sich die Aromen verbunden haben und das Gemüse gegart ist. Mit Kokosfleisch und Salz abschmecken. Auf einer Platte anrichten und mit Thai-Basilikum bestreut servieren.

Crostini mit Hühnerleberpastete

Mehr als andere Sternbilder sollte der Steinbock darauf achten, dass er den Alkoholgenuss in Grenzen hält. Aber ein kleines Glas Brandy als Geschmacksverstärker dieser recht deftigen Pastete ist schon erlaubt.

Frühstücksspeck in einer beschichteten Pfanne bei leichter Hitze knusprig ausbraten lassen. Aus der Pfanne heben und auf Küchenkrepp abtropfen lassen. Hühnerleber mit Butter, Salz, Pfeffer und Salbei 5 Minuten im Bratensud des Specks unter Rühren braten, bis sie gar ist. Mit Brandy ablöschen. Vom Herd nehmen, in eine Schüssel geben und etwas abkühlen lassen. Frühstücksspeck fein zerkrümeln und zur Leber geben. Alles mit einer Gabel zerdrücken und gut mischen. Nochmals abschmecken. Die Baguettescheiben mit der Pastete bestreichen. Bei Zimmertemperatur servieren.

8 Scheiben Frühstücksspeck
500 g Hühnerleber, ohne Sehnen, fein gewürfelt
2 EL Butter
Salz und schwarzer Pfeffer aus der Mühle
4 getrocknete Salbeiblätter, zerkrümelt
1 Schnapsglas Brandy
1/2 Baguette, in diagonalen fingerdicken Scheiben

Engelshaarpasta mit Jakobsmuscheln und Artischockenstreifen

Gefällt dem vernunftorientierten Steinbock, weil es so flink geht und so gut schmeckt. Denn Input und Output sollten sich bei diesem Sternbild die Waage halten. Steinböcke sind nämlich auch gerne mal faul.

Miniartischocken von den festeren Blättern und dem Strunkansatz befreien. In hauchdünne Scheiben schneiden. Mit der Hälfte des Zitronensafts beträufeln. 2 EL Butter in einer Pfanne zerlassen. Artischockenstreifen darin bei mittlerer Hitze 5 Minuten bräunen, dann wenden und garen, bis sie weich sind. Unterdessen Pasta in sprudelndem Salzwasser nach Packungsangabe al dente kochen. Artischockenstreifen aus der Pfanne heben. Restliche Butter zugeben, zerlassen, darin die Chilischoten 2 Minuten bei leichter Hitze garen, bis sie etwas Schärfe in die Butter abgegeben haben. Aus der Pfanne nehmen. Jakobsmuscheln in die Pfanne geben, auf jeder Seite maximal 2 Minuten bei leichter Hitze garen. Aus der Pfanne nehmen.

4 junge Miniartischocken
1 Zitrone
80 g Butter
400 g Engelshaarpasta (auch Capelli d'Angeli genannt)
Salz
2 kleine Chilischoten, längs halbiert, ohne Samen
12 Jakobsmuscheln
1/2 Bund glatte Petersilie, fein gehackt

Petersilie in die Pfanne geben. Pasta direkt aus dem Kochtopf in die Pfanne geben und in der Butter wenden. Auf vier Tellern anrichten; besonders hübsch sieht das aus, wenn man die hauchdünnen Pastastreifen als Nest dekoriert. Darauf Artischockenstreifen und Jakobsmuscheln anrichten. Restlichen Zitronensaft in die aromatisierte Petersilienbutter geben, salzen und pfeffern. Butter über die Jakobsmuscheln träufeln. Schmeckt am besten heiß.

Foie gras mit Toast Melba

Weil der Steinbock ein gutes Geldhändchen hat, kann er sich ohne schlechtes Gewissen auch Foie gras leisten.

- 4 Scheiben Weißbrottoast
- 50 g Foie gras
- 1 TL Fleur de Sel (oder ganz feines Salz)

Toast mittelbraun rösten. Aus dem Toaster nehmen, in der Brotmaschine halbieren, so dass acht hauchdünne Scheiben entstehen. Foie gras in Scheiben schneiden, mit etwas Fleur de Sel auf vier Tellerchen anrichten. Dazu den hauchdünnen Toast Melba servieren.

Blätterteigstückchen

- 200 g TK-Blätterteig
- 1 TL Salz

Ofen auf 220 °C vorheizen. Blätterteig mit einem Rädchen in fingerdicke Streifen schneiden. Alternativ mit hübschen Keksformen Teigstücke ausstechen. Vorsichtig mit Salz bestreuen. 15 Minuten backen, bis der Teig aufgegangen ist und eine goldgelbe Farbe angenommen hat. Statt Toast Melba servieren.

Rinderfilet-Carpaccio

Bei diesem Gericht, das mit wenigen Zutaten auskommt, ist die Qualität dieser Zutaten wichtig, aber auch deren Präsentation. Nehmen Sie sich Zeit.

400 g Rinderhüfte, vom Metzger in hauchdünne Streifen aufgeschnitten
Salz und schwarzer Pfeffer aus der Mühle
Saft von 1 Limette
4 EL Olivenöl extra vergine
100 g Parmesanhobel

Fleisch in konzentrischen Kreisen überlappend auf vier großen Tellern anrichten. Mit Salz und Pfeffer bestreuen. Aus Limettensaft und Olivenöl extra vergine ein cremiges Dressing schlagen, und das Fleisch damit beträufeln. Dann mit Parmesan bestreuen und gleich servieren.

Lachs mit feinem Paprikagemüse

Ein Gericht für ein Büfett mit Familie oder Freunden. Der Steinbock neigt dazu, die eigene Karriere in den Mittelpunkt zu stellen und darüber soziale Kontakte zu vernachlässigen. Dieses feine Gericht ist eine wunderbare Gedächtnisstütze: Freunde sind wichtig!

Ofen auf 180 °C vorheizen. Paprikaschoten und Gewürzpaprika 30 Minuten im Ofen backen, bis ihre Haut braun wird und Blasen wirft. Aus dem Ofen nehmen und einige Minuten ruhen lassen. Nun lässt sich ihre sog. Zellophanhaut, die dünne, durchsichtige äußere Membran, ganz einfach abziehen. Dieser Schritt ist wichtig, denn er macht die Paprika leicht verdaulich und verleiht ihnen mehr Aroma. Paprika in fingerdicke Streifen schneiden, von Kernen und Samensträngen befreien, in eine feuerfeste Form legen. Lachsfilet und Knoblauch darüber geben. Mit Kirschtomaten belegen und mit Olivenöl extra vergine, Weißweinessig, Salz und schwarzem Pfeffer aus der Mühle aromatisieren.

1 rote Paprikaschote
1 orangefarbene Paprikaschote
1 gelbe Paprikaschote
1 längliche türkische Gewürzpaprika
1 grüne Paprikaschote
400 g Lachsfilet ohne Haut, in großen Würfeln
1-2 Knoblauchzehen, abgezogen, gepresst
400 g Kirschtomaten, halbiert
4 EL Olivenöl extra vergine
1 TL Weißweinessig
Salz und schwarzer Pfeffer aus der Mühle

Form zurück in den Ofen geben, die Hitze jedoch nicht wieder anstellen. Mehrere Stunden im Ofen in der Resthitze durchgaren lassen. Vor dem Servieren den Gargrad des Fisches überprüfen; das Innere sollte nicht mehr glasig sein. Falls Ihr Ofen nicht ganz so leistungsstark ist, den Fisch nun bei 180 °C noch 5 Minuten durchgaren lassen. Fisch und Gemüse vorsichtig durchheben, nochmals abschmecken, dann servieren.

Klassisches Pariser Omelette mit Salat

Dazu gehören Geduld und Anwesenheitspflicht an der Pfanne. Der Speck soll nämlich ausbraten, aber kaum die Farbe verändern, denn dadurch intensivert sich sein Geschmack und könnte das delikate Aroma des Omelettes aus dem Gleichgewicht bringen. Ernährungswissenschaftlich gehören Eier zu den wertvollsten Lebensmitteln, und das ist für den Steinbock, der nicht immer regelmäßig und gut isst, eine wichtige Information. Sie enthalten hochwertiges Eiweiß mit allen wichtigen Aminosäuren, Vitamine, Folsäure und Biotin. Das Schöne: Beim Garen bleiben diese Nährstoffe, darunter auch viele Mineralstoffe, erhalten.

200 g sehr guter geräucherter Speck, fein gewürfelt
8 Eier, leicht verschlagen
Salz und schwarzer Pfeffer aus der Mühle
2 EL Butter
Salat der Saison (Kopfsalat, Feldsalat oder eine Mischung), geputzt, in mundgerechten Stücken
1 Schalotte, abgezogen, fein gehackt
3 EL Walnussöl
1 TL Himbeeressig
1 TL Weißweinessig
1 TL Salz
1/2 TL scharfer Senf

Speck bei leichter Hitze in einer großen beschichteten Pfanne braten und darauf achten, dass er nicht die Farbe verändert; lieber bei kleiner Hitze beginnen. Unterdessen Eier vorsichtig salzen und nach Wunsch pfeffern. Hat der Speck die gewünschte Konsistenz, wird die Butter in der Pfanne zerlassen und danach das aromatisierte Ei zugegeben. Nach 5 Minuten bei Mittelhitze sollte die Eimasse am Rand fest sein, in der Mitte jedoch noch flüssig. Nun mit 1 oder 2 Pfannenwendern eine Seite über die andere klappen und das Omelette noch 1-2 Minuten nachgaren lassen. Die Franzosen mögen das Innere des Omelettes feucht, aber nicht mehr flüssig, in keinem Fall jedoch trocken. Salat und Schalotte in eine Schüssel geben, aus den restlichen Zutaten ein aromatisches Dressing bereiten und über den Salat träufeln.

Tunfisch in pikanter Sauce zu Hummus

Der Steinbock tut sich ein bißchen schwer mit neuen Einflüssen. Er ist wertkonservativ, rational und durch und durch ernsthaft. Dieses Gericht besitzt den Schwung und die Leichtigkeit des mediterranen Lebensstils. Mal ehrlich, den besäße der Steinbock insgeheim ganz gerne. Jedenfalls ab und zu. Bevor er sich wieder den Pflichten des Lebens zuwendet.

Tunfisch im Ganzen in Olivenöl von beiden Seiten zwei Minuten bei sehr hoher Hitze anbraten. Aus der Pfanne nehmen und auf einen Teller legen. Bei leichter Hitze Schalotten, Rotwein, Rosinen und Lorbeerblatt 5 Minuten köcheln, bis die Schalotten glasiert und die Rosinen etwas aufgepufft sind. Sauce pikant salzen und pfeffern und über die Tunfischkoteletts gießen. 2 Stunden abgedeckt im Kühlschrank marinieren. Unterdessen das Hummus zubereiten: Alle restlichen Zutaten in der Küchenmaschine oder mit dem Zauberstab pürieren. Pikant salzen und leicht pfeffern. Lorbeerblatt aus der Marinade heben. Tunfischkoteletts halbieren, auf vier Tellern verteilen, mit Marinade beträufeln. Hummus dazu servieren.

2 Tunfischkoteletts
3 EL Olivenöl
3 Schalotten, abgezogen, fein gehackt
100 ml aromatischer Rotwein
3 EL Rosinen, bei Wunsch
1 großes Lorbeerblatt
Salz und schwarzer Pfeffer aus der Mühle
425 g Dosenkichererbsen, abgespült, abgetropft
2 Knoblauchzehen, abgezogen, gehackt
150 ml Zitronensaft (von 3-4 Zitronen)
4 EL Tahinimus
1 Msp. Cayenne-Pfeffer

Spanisch
zu Hause
tequila

Hauptgerichte

Vin
Brulé

Spaghetti mit Garnelen in Orangencreme

Mehr als andere Sternbilder neigt der Steinbock zum Sorgenmachen, sogar zur Depression. Orangen gelten als stimmungsaufhellend.

Spaghetti in sprudelndem Salzwasser al dente kochen. Unterdessen die Orange pressen, ihre Schale abziehen und fein hacken. Schale mit kochendem Wasser überbrühen und 2 Minuten stehen lassen. Butter in einer Pfanne zerlassen. Garnelen darin von jeder Seite 2 Minuten garen, bis sie die Farbe verändern. Mit Orangensaft ablöschen. Crème double unterrühren. Orangenschale abtropfen lassen und unterrühren. Mit Pfeffer pikant abschmecken. Spaghetti aus dem Kochtopf direkt in die Sauce heben. Gut unterrühren und gleich servieren.

400 g Spaghetti
Salz
1 ungespritzte Orange
2 EL Butter
400 g Garnelen, entdarmt und ohne Schale
200 ml Crème double
2 EL rote Pfefferkörner, leicht zerdrückt

Steak mit gedünstetem Chicorée

Steinböcke schätzen bittere Aromen. Ihre Namensgeber kommen sogar mit einer ganz kargen Diät aus. Den wiederkäuenden Steinböcken reichen auch Flechten zum Überleben.

4 EL Olivenöl
4 große feste Chicoréestauden, längs geviertelt
1 EL Thymianblättchen
2 Schalotten, abgezogen, fein gewürfelt
2 EL Tomatenmark, 3-fach konzentriert
1 Glas Weißwein
2 Knoblauchzehen, abgezogen, in feinen Scheiben
1 EL Pflanzenöl
2 EL Butter
4 Steaks
Salz und schwarzer Pfeffer aus der Mühle

Olivenöl in einem Topf erhitzen, in dem die Chicoréestauden nebeneinander Platz haben. Chicorée einlegen. Die restlichen Zutaten verrühren und mit Salz und Pfeffer abschmecken. Stauden damit bestreichen. Abgedeckt bei mittelhoher Hitze 20 Minuten garen; zwischendurch Flüssigkeitsgehalt überprüfen, und bei Bedarf noch wenig heißes Wasser angießen. Unterdessen Steaks salzen und pfeffern. Pflanzenöl und Butter in einer beschichteten Pfanne erhitzen. Temperatur auf mittelhoch reduzieren. Steaks auf beiden Seiten 5 Minuten braten, aus der Pfanne nehmen, 5 Minuten ruhen lassen. Steaks auf Teller verteilen, mit Chicorée garnieren.

Huhn à la bouillabaisse – Ihr Glücksrezept

Der Steinbock ist ein Gewohnheitstier. Damit das nicht zur Pedanterie wird, gibt es dieses Rezept. Denn hier wird ein Huhn zubereitet wie die klassische südfranzösische Fischsuppe. Nur eben völlig ohne Fisch.

1 Bressehuhn oder anderes aromatisches Huhn, mit Haut und Knochen, in küchenfertige Stücke zerteilt
Salz und schwarzer Pfeffer aus der Mühle
3 EL Olivenöl
2 Schalotten, abgezogen, fein gehackt
3 Lauchstangen, geputzt, in feinen Ringen
2 Knoblauchzehen, abgezogen, fein gehackt
1 Fenchelknolle, geputzt, in feinen Streifen
1 Msp. Safran
1 kleine rote Chilischote, im Ganzen
500 g aromatische Tomaten, fein gewürfelt
750 ml Hühnerbrühe
500 g fest kochende Kartoffeln, grob gewürfelt
frische mediterrane Kräuter nach Wunsch

Huhn unter fließendem Wasser abspülen, trockentupfen. Salz und Pfeffer unter die Haut streichen. Öl in einer beschichteten Pfanne erhitzen. Fleischteile darin von allen Seiten 5-8 Minuten hellbraun anbraten. Fleisch aus der Pfanne heben. Nun bei leichter Hitze Zwiebeln, Lauch, Knoblauch und Fenchel anbraten, bis sie nach 5 Minuten weich werden und sich die Aromen verbunden haben. Safran, Chilischote, Tomaten unterrühren. Hühnerbrühe angießen. Kartoffeln und Fleischteile in den Topf geben, einmal aufkochen lassen, dann bei leichter Hitze 25 Minuten garen, bis alle Zutaten weich sind. Kräuter unterrühren. Heiß servieren.

Kartoffelgratin mit Steinpilzen

Ein Hauptgericht, das im Winter, vielleicht nach einem Tag des Kraxelns oder Wedelns in den Bergen, Herz und Seele wärmt und zusammenhält. Natürlich mit Steinpilzen.

Ofen auf 200 °C vorheizen. Steinpilze mit 100 ml kochendem Wasser übergießen und 15-20 Minuten stehen lassen, bis die Pilze weich sind. Einweichwasser durch einen Kaffee- oder Teefilter aus Papier gießen und auffangen. Ofenfeste Auflaufform mit 1 EL Butter einfetten. Hälfte der Kartoffeln einschichten, darüber die eingeweichten Steinpilze legen, mit den restlichen Kartoffeln bedecken. Sahne, Muskat, Thymian und Einweichwasser verrühren. Sauce leicht übersalzen (Kartoffeln schlucken viel Salz) und pikant pfeffern. Über die Kartoffeln gießen. Mit Butterflöckchen bekrönen. 40 Minuten backen, dann mit einem scharfen Messer in der Mitte einschneiden, um den Gargrad der Kartoffeln zu überprüfen. Sind sie noch nicht weich und haben die Sauce noch nicht vollständig aufgesogen, wird das Gratin mit Alufolie abgedeckt und weitere 10-15 Minuten gebacken. Danach Backofen ausstellen und Gratin im langsam abkühlenden Ofen 10 Minuten »sacken lassen«.

10 g getrocknete Steinpilze
3 EL Butter
1 kg festkochende Kartoffeln, bei Bioware mit Schale, in hauchdünnen Scheiben
300 ml Sahne
1 Prise Muskat
1 TL Thymian
Salz und schwarzer Pfeffer aus der Mühle

Räucherlachs mit Kartoffelsalat

Kartoffeln haben einen hohen Nährstoffgehalt und überraschend wenig Kalorien, besitzen hochwertiges Eiweiß, Ballast- und Mineralstoffe. Ein ideales Nahrungsmittel für den Steinbock, den man sicherlich nicht fünf Stunden in der Küche stehen sieht, bevor er dann ein Gericht fertig gezaubert hat, das die Gäste in drei Minuten ratzeputz vertilgt haben.

1 kg neue, kleine Salatkartoffeln, gut abgeschrubbt
1 EL Salz
3 Zitronen
3 EL Olivenöl extra vergine
2 kleine Knoblauchzehen, abgezogen, gepresst
1 Hand voll Kapernäpfel ohne Stängel
200 g grüne Oliven, entsteint
schwarzer Pfeffer aus der Mühle
400 g Räucherlachs bei Zimmertemperatur
2 Zitronen oder Limetten, nach Wunsch aufgeschnitten

Kartoffeln in Salzwasser 20 Minuten weich garen, abgießen. Bei Wunsch schälen. Halbieren oder vierteln. Noch warm mit dem Saft von 1 Zitrone und Olivenöl beträufeln, gut unterrühren. Knoblauch, Kapern und Oliven unterrühren, pikant abschmecken. Lachsscheiben auf einer Platte anrichten. Kartoffelsalat darüber löffeln. Restliche Zitronen vierteln und dazu servieren.

Fleischpflanzerl mit Kartoffelsalat

Im Zeitalter von McDonald's haben viele Leute schon verlernt, ihre Hackbällchen, Fleischklopse, Buletten, Frikadellen oder eben Fleischpflanzerl selbst zu machen. Der Steinbock isst gerne mal handfeste Hausmannskost und da die zu Hause immer noch gesünder ist als im Schnellimbiss ... bitte schön!

1 kg festkochende Kartoffeln
Salz
1 kg Kalbshackfleisch
2 Eier
4 EL Haferschmelzflocken
4 Stängel frischer Majoran, gehackt (alternativ 1 El getrockneter Majoran)
2 EL Tomatenketchup
schwarzer Pfeffer aus der Mühle
3 Schalotten, abgezogen, fein gehackt
1 EL scharfer Senf
3 EL Butaris
2 EL Butter
200 g Feldsalat, gewaschen, geputzt
50 ml Hühnerbrühe
2 EL Pflanzenöl
Saft von 1 Zitrone

Kartoffeln in Salzwasser aufkochen, dann abgedeckt 20-25 Minuten weich garen. Kartoffeln pellen, auskühlen lassen. In einer großen Schüssel Hackfleisch, Haferschmelzflocken, Salz, Eier, Majoran, Tomatenketchup, schwarzen Pfeffer, 2 Schalotten und Senf mengen. Aus dem Fleischteig hühnereigroße Nocken abstechen und plattdrücken. Die Hälfte des Butaris und der Butter in einer großen Pfanne erhitzen. Fleischpflanzerl bei mittelhoher Hitze 10 Minuten knusprig-braun braten, dann wenden, weitere 10 Minuten braten. Sind sie gar, aus der Pfanne heben und auf Küchenkrepp abtropfen lassen. Im restlichen Butaris-Butter-Gemisch die restlichen Fleischbällchen ausbraten. Unterdessen die etwas abgekühlten Kartoffeln in dickere Scheiben schneiden, mit der restlichen Schalotte und dem Feldsalat mischen. Aus Hühnerbrühe, Pflanzenöl, Zitronensaft, Salz und Pfeffer eine aromatische Marinade zubereiten und über den Salat gießen. Salat gut durchrühren. Zu den Fleischpflanzerl servieren.

Wiener Tafelspitz mit Beilagen

Mehr als andere Sternbilder muss der Steinbock auf eine abwechslungsreiche Ernährung achten. Wenn ihm etwas schmeckt, kann er es wieder und wieder essen. Wiener Tafelspitz beispielsweise. Damit für etwas Abwechslung gesorgt ist, gibt es hier die unterschiedlichen Beilagen.

Knochen unter fließend kaltem Wasser mehrere Minuten spülen. In 2 l Salzwasser aufsetzen. Einmal aufwallen lassen, dann 1 Stunde köcheln. Zwischendurch den Schaum ablöffeln. Knochen aus der Brühe heben. Fleisch in die köchelnde Brühe geben und 1 Stunde abgedeckt bei leichter Hitze garen: Die Brühe darf nicht kochen, sonst wird das Fleisch zäh. Nun Gemüse und Pfefferkörner zugeben. Eine weitere Stunde köcheln. Unterdessen Kartoffeln in Salzwasser 20-25 Minuten weich garen, abtropfen, im Topf auskühlen lassen. Zum Servieren das Fleisch aus der Brühe heben, einige Minuten ruhen lassen, dann in Scheiben von 1/2 Zentimeter Dicke schneiden und auf einer Platte anrichten. Das Gemüse aus dem Sud heben und über dem Fleisch dekorieren. Dazu Salzkartoffeln servieren.

500 g Rinderknochen
3 EL Salz
800 g Tafelspitz
1 Bund Suppengrün, geschält, ganz fein gehackt
1 Haushaltszwiebel, abgezogen, halbiert
2 EL Pfefferkörner
1 kg Kartoffeln, geschält

Erdäpfelschmarren

1 kg fest kochende Kartoffeln
2 EL Salz
2 EL Butter
2 EL Butterfett
1 TL Kümmel, zerstoßen
schwarzer Pfeffer aus der Mühle
2 Schalotten, abgezogen, fein gehackt

Kartoffeln in Salzwasser 20-25 Minuten weich garen. Abgießen, pellen, etwas auskühlen lassen. In Scheiben schneiden. Butter und Butterfett in einer beschichteten Pfanne zerlassen. Kartoffelscheiben bei leichter Hitze 15 Minuten braten. Beim Wenden Kümmel, Pfeffer und Schalotten zugeben. Weitere 15 Minuten bei leichter Hitze braten. Ist das Bratfett aufgesogen, die Hitze noch weiter reduzieren. Die Kartoffelscheiben sollen knusprig-braun werden.

Meerrettichsauce

200 g frischer Meerrettich, geschält, fein gerieben
Saft von 1/2 Zitrone
2 Scheiben Toastbrot, mit dem Zauberstab fein zerkleinert
3 EL Crème fraîche
Salz und schwarzer Pfeffer aus der Mühle
1 Prise Muskatnuss, frisch gerieben

Meerrettich mit Zitronensaft beträufeln. Toastkrümel und Crème fraîche unterziehen. Mit Salz, Pfeffer und Muskatnuss abschmecken.

Schnittlauchsauce

Toastbrot, Milch, Eigelbe, Zitronensaft, Salz und schwarzer Pfeffer, Senf und Pflanzenöl in der Küchenmaschine oder mit dem Zauberstab zu einer cremigen Sauce verarbeiten. Schnittlauchröllchen unterrühren. Pikant abschmecken.

2 Scheiben Toastbrot, gehackt
100 ml Milch
2 Eigelbe, hart gekocht
Saft von 1/2 Zitrone
Salz und schwarzer Pfeffer aus der Mühle
1 TL Dijonsenf
1 EL Pflanzenöl
2 Bund Schnittlauch, in feinen Röllchen

CHEF

Spargel mit Serranoschinken und neuen Kartoffeln

Warum ist dieses Rezept typisch für den Steinbock? Jeder Mensch mag Spargel. Mag sein. Fragen Sie mal rum. Steinböcke fahren völlig drauf ab. Das könnte zu den rätselhaften Seiten an einem sonst nicht immer so rätselhaften Sternzeichen gehören.

Einen Spargelkochtopf oder eine Pfanne mit ausreichend heißem Wasser füllen. 1 EL Butter, Zucker und 1 EL Salz in das Wasser geben. Spargel mit Küchengarn zusammenbinden (das erleichtert Ihnen hinterher das Herausfischen) und in das kochende Wasser legen. Abgedeckt bei leichter Hitze 20 Minuten köcheln. Unterdessen die Kartoffeln in salzigem Wasser einmal aufkochen lassen, dann bei leichter Hitze abgedeckt 20-25 Minuten köcheln. Restliche Butter in einem Töpfchen aufsetzen und bräunen: Dazu bei leichter Hitze zerlassen. Sobald sie nicht mehr schäumt, mit einem Holzlöffel umrühren, bis sie gleichmäßig braun ist. Ihr Aroma wird auf diese Weise leicht nussig. Zum Servieren den Spargel am Küchengarn aus dem Topf heben, gut abtropfen, Fäden lösen, Spargel auf einer Platte anrichten. Auf der einen Seite den Schinken in kleinen Häufchen anrichten, auf der anderen Seite die Kartoffeln. Kartoffeln und Spargel vorsichtig mit der gebräunten Butter beträufeln. Gleich servieren.

100 g Butter
1 kg Spargel, geschält, holzige Enden abgeschnitten
1 TL Zucker
Salz
1 kg kleine neue Kartoffeln, geschält
300 g Serranoschinken, hauchdünn aufgeschnitten

Hühnerfilet mit Pfifferlingen auf Reisbett

Im Gegensatz zum exotischen Skorpion oder zum globetrottenden Schützen mag der Steinbock nicht zu viel Schärfe. Dieses fein aromatisierte Gericht ist eher nach seinem Geschmack und hat auch nicht zu viel Gemüse, denn das essen Steinböcke eher zähneknirschend als freudig erregt.

3 EL Butter
600 g Hühnerfilet, von Sehnen und Fett befreit, in größeren Stücken
1 Schalotte, abgezogen, fein gehackt
1 Schnapsglas Cognac
300 g Basmatireis
Salz
200 g Pfifferlinge, mit einem feuchten Küchentuch gereinigt
schwarzer Pfeffer aus der Mühle
125 ml Crème double
1 Bund Schnittlauch, in Röllchen

2 EL Butter in einer beschichteten Pfanne zerlassen. Fleisch bei mittlerer Hitze darin von allen Seiten 5 Minuten anbräunen. Schalottenwürfel unterrühren. Abgedeckt 5 Minuten garen, dann mit Cognac ablöschen. Unterdessen den Reis nach Packungsangabe in Salzwasser garen. Nun die Pfifferlinge unter das Fleisch rühren und mit schwarzem Pfeffer würzen. Abgedeckt 10 Minuten garen, bis die Pilze weich sind und ihre Kochflüssigkeit verdampft ist. Erst jetzt salzen; zu frühes Salzen entzieht den Pilzen Saft und kann sie zäh machen. Gargrad des Reises überprüfen. Ist er fertig gekocht und das Kochwasser verdampft? Dann rühren Sie die restliche Butter unter den Reis und lockern ihn mit einer Gabel auf. Alternativ noch 2-3 Minuten ohne Deckel köcheln; auf diese Weise verdampft das Kochwasser. Crème double unter das Fleisch ziehen. Reis auf einer großen Platte verteilen. Darauf das Fleisch mit den Pilzen und der Sauce anrichten. Mit Schnittlauchröllchen bestreut servieren.

Seezungenfilets auf Linsenbett

Eine edle Kombination, auch optisch und dennoch absolut anfängertauglich. Lassen Sie sich die Seezungen vom Fischhändler filetieren, wenn Sie selbst Wichtigeres zu tun haben.

Hühnerbrühe in einen Topf geben, Puy-Linsen einmal aufwallen lassen, dann 30-35 Minuten abgedeckt bei leichter Hitze köcheln, bis die Linsen weich sind und die Brühe verkocht. Alternativ den Deckel abnehmen; dann verkocht die Brühe zum Schluss schnell. Unterdessen Ofen auf 180 °C vorheizen. 4 große Stücke Alufolie zurechtschneiden. Mit Fenchel und Fenchelgrün belegen. Darüber die Seezungen legen. Mit dem Saft der Zitrone beträufeln, leicht salzen. Butterflöckchen darüber streuen. Folie nach oben klappen, so dass über dem Fisch ein Zwischenraum entsteht, in dem er gleichmäßig garen kann. Folie an den Enden fest zudrücken, damit dieser Gardampf nicht entweichen kann. 10-12 Minuten im Ofen garen. Wenn Sie möchten, können Sie bei der Gelegenheit auch gleich vier große Essteller im Ofen vorwärmen. Ist das Innere nicht mehr glasig, wird der Fisch aus dem Fenchelbett gehoben und auf die Teller verteilt. Über den Fisch die Crème fraîche als Klacks setzen. Walnussöl und Himbeeressig unter die heißen Linsen rühren, pikant mit Chiliflocken abschmecken. Salzen und pfeffern. Mit Linsengemüse servieren.

400 ml Hühnerbrühe
250 g Puy-Linsen (Reformhaus)
2 große, feste Fenchel mit viel Grün, in feinen Streifen
4 Seezungenfilets
1 Zitrone
4 EL Butter, in Flöckchen
100 ml Crème fraîche
3 EL Walnussöl
1 TL Himbeeressig
1 Msp. Chiliflocken
Salz und schwarzer Pfeffer aus der Mühle

Pasta mit ofengerösteten Tomaten und Coppa

Hier wird's wieder handfest und hausgemacht. Da der Steinbock gerne spart, möchte er vielleicht statt Coppa lieber billigen Räucherschinken nehmen, aber das ist nicht gestattet, denn dann ist der Pfiff weg und das Gericht schmeckt nicht mehr fein. Und der Steinbock ist doch ein feiner Kerl!

1,5 kg reife aromatische Tomaten, halbiert
3 EL Olivenöl extra vergine
Salz und schwarzer Pfeffer aus der Mühle
400 g Penne rigate (oder andere geriffelte kurze Pasta)
200 g Coppa, dünn aufgeschnitten, in mundgerechte Stücke geteilt
1 kleine Knoblauchzehe, abgezogen, gepresst
1 TL sehr guter (alter) Balsamicoessig
1 Stängel Rosmarin, Nadeln abgerebelt, fein gehackt
100 g Parmesan, gerieben

Ofen auf 200 °C vorheizen. Tomaten nebeneinander mit der Schnittfläche nach oben auf einem Backblech auslegen. Mit Olivenöl beträufeln, mit Salz und Pfeffer bestreuen. 2 Stunden backen, bis sie von außen trocken sind und fast schon braun werden. Tomaten im ausgeschalteten Ofen etwas abkühlen lassen. Unterdessen die Pasta in sprudelndem Salzwasser nach Packungsangabe al dente garen. Coppa bei leichter Hitze in einer beschichteten Pfanne knusprig braten. Knoblauchzehe unterrühren, mit Balsamicoessig ablöschen. Rosmarin und Tomaten unterrühren. Pasta nicht abgießen, sondern direkt aus dem Topf in die Sauce heben; auf diese Weise bleibt Kochflüssigkeit hängen, die die Sauce sämiger macht. Gleich servieren.

Lammchops mit Sauerkirschen und Reis

Genauso viel Exotik steckt in diesem Rezept, wie der Steinbock guten Gewissens sich selbst gegenüber verantworten kann. Möchte er mal ganz gesund leben, darf der Basmatireis gegen Naturreis ausgetauscht werden, der allerdings eine längere Garzeit hat.

Basmatireis nach Packungsangabe in Salzwasser garen. Ofen auf 80 °C vorheizen und vier Teller darin anwärmen. Pflanzenöl in einer gusseisernen Pfanne oder einer Pfanne mit Teflonboden erhitzen. Lammchops in heißem Öl auf beiden Seiten 2-3 Minuten zartrosa braten; sollen sie vollständig durchgebraten werden, genügen pro Seite noch weitere 2 Minuten. Währenddessen die Haselnüsse ohne Fettzugabe im Ofen auf einem Backblech 10 Minuten anrösten und dabei mehrfach durchrütteln. Auf diese Weise verbrennen sie nicht, entwickeln jedoch ihr Aroma. Sauerkirschen und Saft zugeben, kurz auf hohe Hitze schalten, mit Cognac ablöschen und 2-3 Minuten einköcheln lassen, bis die Sauce das scharfe Alkoholaroma verliert und sich die Aromen vermischen. Reis auf den erwärmten Tellern anrichten und darüber die Lammchops anrichten. Mit Sauce begießen, mit Haselnüssen bestreuen und heiß servieren.

300 g Basmatireis
Salz
2 EL Pflanzenöl
4 Lammchops, an der Fettseite 5-6 mal eingeschnitten
100 g Haselnüsse, grob gehackt
100 g Sauerkirschen aus dem Glas + Saft
2 EL Cognac

Desserts

Edler Schokoladenpudding

Manchmal ist der Steinbock ein bißchen zu konventionell. Eben wie ein Schokoladenpudding. Doch da ihn die, die ihn lieben, nicht umkrempeln, sondern nur etwas auflockern sollen, gibt's dieses Rezept aus der Hausmannsküche mit einem edlen Touch.

Ofen auf 150 °C vorheizen. Die Bourbonvanilleschote längs halbieren. Fruchtfleisch mit einem scharfen Messer herauskratzen. Vollmilch, Crème double und Zucker in einem Topf aufsetzen, Vanillemark unterrühren. Die Schote nicht wegwerfen, sondern einfach in einem Kaffee- oder Zuckertopf stecken; ihr feines Aroma überträgt sich. Milch bei leichter Hitze köcheln, bis der Zucker sich vollständig aufgelöst hat. Unterdessen die Schokolade in einem Wasserbad auflösen. Wenn sie vollständig aufgelöst ist, 2 Eier unterziehen; das geht am besten mit einem Schneebesen. Dann etwas Milch angießen, damit die Masse, die nun betonfest ist, wieder weich wird.

1 Bourbonvanilleschote
300 ml Vollmilch
125 ml Crème double
60 g feinster Zucker
150 g Bitterschokolade (mind. 61% Kakaogehalt), gehackt
5 Eigelbe (die Eiweiße lassen sich einfrieren)
1 TL flüssiger Honig

Die restlichen drei Eigelbe nacheinander einarbeiten; jedes Mal wieder etwas erwärmte Milch angießen, um die Schokoladencreme wieder zu verflüssigen. Zum Schluss die Schokoladencreme in die Milch rühren. Gut verrühren, dann in eine Schüssel füllen. Schüssel in eine ofenfeste Form setzen, die etwas größer ist als die Schüssel. Kochendes Wasser angießen: Der Schokoladenpudding sollte zu zwei Drittel von außen durch das kochende Wasser gewärmt werden. Diese Konstruktion in den Ofen schieben und 1 Stunde garen. Vor dem Servieren bei Wunsch abkühlen. Schmeckt aber auch heiß oder warm.

Frischer Ziegenkäse mit Nektarinen, Pistazien und Parmaschinken

Steinböcke müssen ein bißchen auf den Zuckergehalt ihrer Desserts achten. Zu viel Schokolade und Zucker ist nicht empfehlenswert. Dieses Gericht ist eine schöne Alternative.

Ziegenkäse auf vier großen Vorspeisentellern anrichten. Daneben Nektarinenviertel, bestreut mit Pistazienkernen, garnieren. Parmaschinkenscheiben an die Tellerseiten legen. Aus Olivenöl extra vergine und Granatapfelsirup ein Dressing schlagen und den Ziegenkäse damit beträufeln

300 g frischer Ziegenkäse
1 reife Nektarine, geviertelt
50 g Pistazienkerne
4 Scheiben Parmaschinken
2 EL Olivenöl extra vergine
1 TL Granatapfelsirup

Whisky-Bananen

Was so ein richtiger Steinbock ist, der zündelt nie. Kann er ruhig mal. Hier kann nichts passieren, höchstens ein Bekleckern der schrecklichen Tischdecke, die schon seit zwei Jahrzehnten entrümpelt gehört, die der Steinbock aber nicht wegwerfen kann, weil er sich mit dem Wegwerfen schwer tut und besser mit dem Sammeln und Anhäufeln und nicht Geld ausge..., ach so, das hatten wir schon. Dieses Dessert ist nicht teuer, wie wäre es denn damit?

4 reife, feste Bananen, ohne braune Stellen, geschält, längs halbiert
3 EL Butter
3 EL brauner Zucker
3 EL Whisky

Bananen in einer beschichteten Pfanne in der Butter bei leichter Hitze sautieren. Mit Zucker bestreuen. Einmal wenden. Wenn der Zucker karamellisiert, den Whisky angießen. Mit einem langen Streichholz (sonst verbrennt man sich leicht die Finger) entzünden. Bananen auf Tellern verteilen und gleich servieren.

Orangenkuchen

Wer wird denn da so pessimistisch in die Welt blicken? Naja, das ist halt ein Wesenszug des Steinbocks. Menschen mit positivem Grundbild hält er schlimmstenfalls für leichtfertig. Macht nichts. Hier ist ein feiner Kuchen mit dem Stimmungsaufheller Orange. Denn das Leben ist schön.

Ofen auf 180 °C vorheizen. Butter und Zucker in einer Schüssel mit dem Rührmixer schaumig schlagen. Eier nacheinander mit dem Mixer einarbeiten. Mehl mit Backpulver und Salz verrühren. Manuell unter den Teig ziehen, dann vorsichtig mit dem Mixer einarbeiten. Schmand unterrühren. Orangenschale hauchdünn abziehen und fein schneiden. Zusammen mit dem Saft der ungespritzten Orange unter den Kuchen rühren. Mit der restlichen Butter eine Springform einfetten und vorsichtig mit dem restlichen Mehl einstäuben. Überschuss herausklopfen. Teig einfüllen.

150 g Butter
+ 1 TL Butter
100 g feinster Zucker
4 Eier
300 g Mehl
+ 1 TL Mehl
2 TL Backpulver
1 Prise Salz
250 ml Schmand
1 ungespritzte Orange
2 Orangen
100 g Puderzucker

70 Minuten backen, dann den Kuchentest machen: Mit einem Zahnstocher in die Teigmitte stechen. Weist er keine Rückstände auf, ist der Kuchen gar. Unterdessen restliche Orangen auspressen und mit Puderzucker verrühren. Sobald der Kuchen aus dem Ofen genommen ist, gleichmäßig in engen Abständen mit einer Gabel tief in den Kuchen einstechen. Orangenglasur mit einem Pinsel gleichmäßig über dem Kuchen verteilen und einsickern lassen. Vor dem Aufschneiden fast vollständig abkühlen lassen.

Orangensalat aus Mazedonien

Leider ist der Steinbock keine geborene Stimmungskanone, obwohl er häufig einen frechen schnellen Witz hat, sondern findet es im Gegenteil nicht immer einfach, mit den Mitmenschen zurechtzukommen. Vielleicht klappt es mit diesem vitaminreichen Winterdessert aus schönen Zutaten.

3 aromatische Orangen, Filets aus den weißen Membranen herausgestrennt und von der Haut befreit
2 EL Rosenwasser
4 EL Puderzucker
80 g Bitterschokolade (Kakaogehalt 70%), geraspelt

Orangenfilets auf einer großen Platte anrichten. Erst mit Rosenwasser besprengen, dann mit Puderzucker bestreuen. Vorsichtig abdecken und mehrere Stunden im Kühlschrank durchziehen lassen. Vor dem Servieren mit Schokoraspeln bestreuen.

Käsekuchen

Eine extra Portion Kalzium stärkt die Knochen. Ein Steinbock muss sich um seine Gesundheit nicht so viel sorgen ... seine zähe Langlebigkeit ist legendär und die guten Zähne auch. Hier eine leichte Variante des sonst enorm kalorienreichen Käsekuchens, mit Jogurt.

Gelatine nach Packungsangabe im Cointreau in einem Topf bei leichter Hitze erwärmen, bis sie sich vollständig gelöst hat. Unter den Jogurt rühren. Honig und Orangenmarmelade unterrühren. Kardamomkügelchen unterrühren. Beiseite stellen. Kekse mit Butter in der Küchenmaschine oder mit dem Zauberstab zu einer krümeligen Masse verarbeiten. Eine Springform mit den Krümeln auslegen; mit dem Löffelrücken lassen sich die Kekse auf dem Boden glatt verstreichen und halten dann auch gut zusammen. Jogurtfüllung darüber löffeln. Im Kühlschrank 5 Stunden abgedeckt fest werden lassen. Direkt aus dem Kühlschrank servieren. Wenn Sie mögen, können Sie den Käsekuchen auch 20 Minuten vor dem Servieren im Eisfach anfrieren.

1 Tütchen weiße Gelatine
150 ml Cointreau
1 kg türkischer Jogurt (Fettstufe 10%)
3 EL flüssiger Honig
3 EL Orangenmarmelade (idealerweise die original englische Marmelade, die etwas bitter schmeckt)
5 Kapseln grüner Kardamom, zerstossen
200 g Butterkekse
1 EL Butter

Financiers

Man muss es ganz hart sagen: Der Steinbock hat einen Hang zum Geld. Was daran schlimm ist? Nun, er neigt zum Geiz. Vielleicht kann er mit diesen zart-krümeligen Keksen aus Paris seine Liebsten verwöhnen, wenn er ihnen schon keine teuren Geschenke macht.

50 g Butter
1 Päckchen Vanillezucker
1 Ei
50 g Puderzucker
50 g Mehl
50 g gemahlene Mandeln

Ofen auf 180 °C vorheizen. Eine Muffinsform mit 12 Förmchen auslegen. Alle Zutaten in der Küchenmaschine oder mit dem Rührmixer verrühren. Teig in die Förmchen füllen. 12-15 Minuten backen. Schmecken auch warm.

Sehnsucht nach Sommer

Der Steinbock kann eine ganze Menge wegstecken, auch unbequeme Lebensumstände. Da hilft ihm die bei der Geburt eingepflanzte preussische Disziplin. Aber ein bißchen Sehnsucht gehört auch zum Leben. Sehnsucht nach Wärme beispielsweise. Oder nach krümeligen Keksen.

50 ml Amaretto di Saronno
100 g getrocknete Aprikosen
200 g Mascarpone
50 g Amarettikekse, etwas zerkrümelt

Amaretto und Aprikosen in einem Topf aufsetzen und bei leichter Hitze 15 Minuten köcheln, bis das Aroma aufgenommen wurde. Auf vier Tellern verteilen. Mit Mascarpone und Amarettikeksen garnieren und gleich servieren.

Banoffie Pie – Ihr Liebesrezept

Erinnern Sie sich an »Liebe, natürlich?« Natürlich nicht. Wie auch an keinen anderen schmalzigen Liebesfilm. Es ist einfach Ihre knorrige, hagere Art. Wie? Sie erinnern sich an diesen Film? Auch an »Schlaflos in Seattle?« Auch an »Vier Hochzeiten und ein Todesfall?« Aber doch mit Schrecken, oder, Sie als vernunftgesteuertes Wesen… nein? Sie mögen solche Filme? Ist das wahr? Sie sind eigentlich ein Romantiker, wie er im Buche steht? Na, hoffentlich wissen das die Menschen um Sie herum. Jedenfalls, die wunderschöne junge Braut, die von einem anderen verehrt wurde, aß in »Liebe, natürlich« Banoffie Pie (zu deutsch: Süßer Kuchen mit Bananen), als sie sich seiner Verehrung gewahr wurde.

400 g Kondensmilch in der Dose (nicht öffnen)
200 g Butterkekse
2 EL Butter, bei Zimmertemperatur
3 reife Bananen, geschält, fein geschnitten
200 ml Sahne
1 Prise Salz

Dosenmilch in einen Topf geben, mit Wasser bedecken und abgedeckt 2 Stunden köcheln. Zwischendurch den Wasserstand überprüfen und heißes Wasser nachgießen. Vorsichtig öffnen. Die Dosenmilch ist jetzt karamellisiert. Unterdessen Kekse und Butter in einer Küchenmaschine oder mit dem Zauberstab zu einer krümeligen Masse verarbeiten. Den Boden einer Springform mit den Keksen auslegen; Füllung mit dem Rücken eines Löffels festdrücken und glattstreichen. Nun die Karamellcreme auf dem Boden verteilen. Darüber die Bananenstückchen schichten; fest in das Karamell drücken. Sahne mit etwas Salz ganz steif schlagen und über die Füllung löffeln. Mit Küchenfolie abdecken und mindestens 2 Stunden im Kühlschrank durchziehen lassen. Kalt servieren.

Die besonderen Seiten des Steinbocks

Ich gebe zu, dass ich mich nun doch ein ganz klein wenig geschmeichelt fühle, da Sie bis zur letzten Seite angelangt und offensichtlich immer noch bestrebt sind, mehr von mir zu erfahren. Nun denn, ein letztes Geheimnis:

Wie ein guter Wein werden wir mit den Jahren immer besser. Die Zeit, anderen der Feind schlechthin, spielt für uns. Je älter wir werden, desto stärkere Risse bekommt der Panzer aus Askese und Ehrgeiz; wir werden milder, entspannter und gelassener. Gute Aussichten, nicht wahr?

Kabeljaufilet mit Dillspinat, pochiertem Ei und Kartoffelpüree – Das Rausschmeißerrezept

Alles, was ich in diesem Buch über mich gelesen habe, ist nur eines: Purer Unsinn. Blödsinn. Abergläubischer Quargel. Um meine Philosophie des Essens mal in einem Satz zusammenzufassen: Ich esse gerne Dinge, die gut schmecken. Und noch ein zweiter Satz hinterher: Wenn sie nicht viel kosten und ohne mehrstündigen Aufwand herzustellen sind, schmecken sie mir umso besser.

Ofen auf 180 °C vorheizen. Kartoffeln in Salzwasser einmal aufwallen lassen, dann bei leichter Hitze abgedeckt 25 Minuten weich kochen. Unterdessen den Spinat mit Dillspitzen bei leichter Hitze in einem Topf ohne weitere Wasserzugabe ohne Deckel 15 Minuten köcheln, bis das Wasser verdampft ist. Für den Fisch vier große Stücke Alufolie zuschneiden. Kabeljaufilets auf die Folien legen, jeweils mit etwas Zitronensaft beträufeln, mit 1/2 EL Butter und etwas Salz aromatisieren. Folie hochschlagen, so dass über dem Fisch eine Art Aromagarzone entsteht; die Seiten der Folie fest zudrücken, damit kein Dampf entweichen kann. Im Ofen 15 Minuten garen. Nun einen großen Topf mit heißem Wasser aufsetzen. Wenn das Wasser sprudelt, den Essig angießen.

- 1 kg weich kochende Kartoffeln, geschält, halbiert
- Salz
- 1 kg Spinat, verlesen, gewaschen, gehackt, leicht abgetropft
- 2 Bund frischer Dill, nur die Spitzen
- 800 g Kabeljaufilet
- Saft von 1 Zitrone
- 80 g Butter
- 1 EL Essig
- 4 Eier
- 1/2 TL Chiliflocken
- 50 ml Sahne
- 100 ml Milch

Eier nacheinander in eine Untertasse aufschlagen und in das Wasser gleiten lassen; der Essig sorgt dafür, dass sie nicht zu sehr ausfransen. 4-5 Minuten garen. Zwischendurch an den fertigen Spinat Chiliflocken und Sahne geben und mit Salz abschmecken, alles sorgfältig verrühren. Milch und restliche Butter unter die Kartoffeln rühren und mit einem Kartoffelstampfer oder einem Holzlöffel sorgfältig verrühren. Kartoffelpüree auf vier großen Tellern anrichten. Fisch aus den Päckchen wickeln und mit ihrem Garsud auf dem Püree dekorieren. Daneben den Spinat mit pochiertem Ei garnieren.

Das Erfolgsmenü des Steinbocks

Steinböcke lieben den Erfolg. Und haben ihn. Das müssen andere Sternzeichen neidlos anerkennen. Denn sie verdienen ihn auch. Dieses Erfolgsmenü symbolisiert die besten Seiten des erfolgsverwöhnten Steinbocks.

- Er mag das Bodenständige, lässt sich aber durchaus auch mal zum Ungewöhnlichen verführen.
- Mit Exzess kann er nichts anfangen, mit kluger Mäßigung schon.
- Er hat eine süße Seite.

Als Amuse-gueule:
Paglietta mit Steinpilzfüllung
und Äpfeln

***

Als Vorspeise:
Mailänder Businesslunch

***

Als Hauptgericht:
Fleischpflanzerl mit Kartoffelsalat

***

Als Dessert:
Edler Schokoladenpudding

Das Liebesmenü des Steinbocks

Steinböcke verstehen es zu lieben. Das dürfen Sie durchaus auf wörtlicher und übertragener Ebene verstanden wissen. Und dieses Menü zeigt dem Objekt Ihrer Begierde, was da alles noch so kommen könnte.

- Zarte Verführungen.
- Wenn es die Gelegenheit erfordert oder würdig ist, liebt der Steinbock auch den Luxus.
- Und: Er ist romantisch. Sehr sogar.

Als Amuse-gueule:
Foie gras mit Toast Melba

***

Als Vorspeise:
Engelshaarpasta mit Jakobsmuscheln und Artischockenstreifen

***

Als Hauptgericht:
Wiener Tafelspitz mit Beilagen

***

Als Dessert:
Banoffie Pie

Das Glücksmenü des Steinbocks

Wie schön, dass der Steinbock zwar manchmal mit seinem Glück hadert, sich aber mit wenigen Handgriffen, Tipps und Tricks wieder auf die Sonnenseite des Lebens bugsieren lässt. Bitte nicht vergessen:

- Ihre unkonventionelle Seite. Trendsetter sein gibt manchmal Kraft.
- Ihre übersinnliche Seite. Ja, die haben Sie.
- Ihr Händchen für Finanzen. Denn Geld macht zwar nicht glücklich, sorgt jedoch für einen ruhigen Schlaf. Und ausgeruht lässt sich auch die Suche nach Glück gut angehen.

Als Amuse-gueule:
Teegeräuchter Lachs mit Salat

***

Als Vorspeise:
Zaubersuppe

***

Als Hautpgericht:
Huhn à la bouillabaisse

***

Als Dessert:
Financiers

Register

Gerichte für den Steinbock, wenn er mal Lust hat auf...

Impressum

Illustrationen
Josephine Warfelmann

Gestaltung und Satz
Karin Steinkamp

Reihengestaltung
Verena Böning, Karin Steinkamp

Druck und Verarbeitung
Stige S. p. A., San Mauro

Printed in Italy

ISBN 3-86528-240-7

Die Ratschläge in diesem Buch sind von den Autoren und dem Verlag sorgfältig erwogen und geprüft, dennoch kann eine Garantie nicht übernommen werden. Eine Haftung der Autoren und des Verlages für Personen-, Sach- und Vermögensschäden ist ausgeschlossen.

Besuchen Sie uns im Internet
www.umschau-buchverlag.de